I0701638

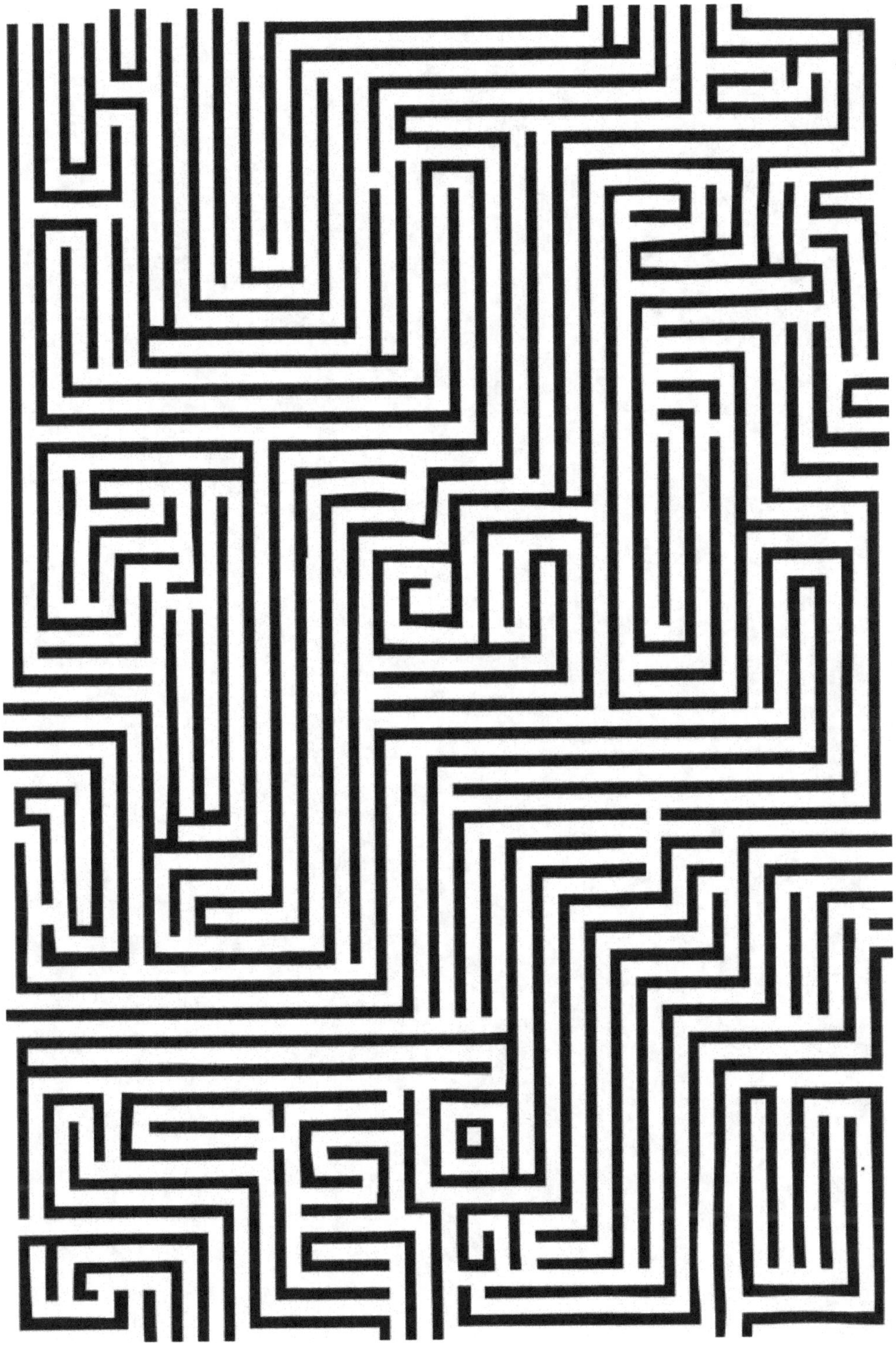

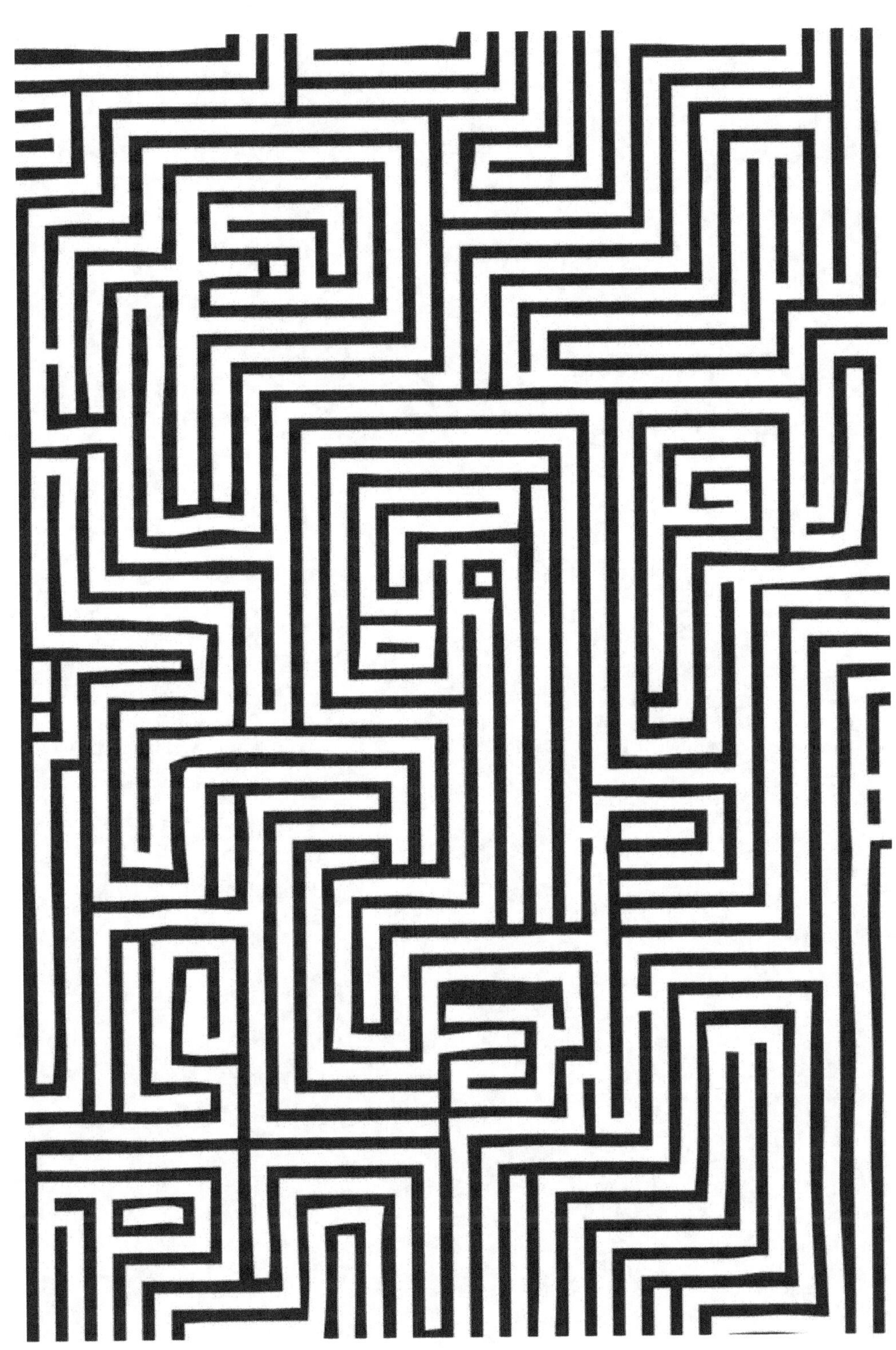

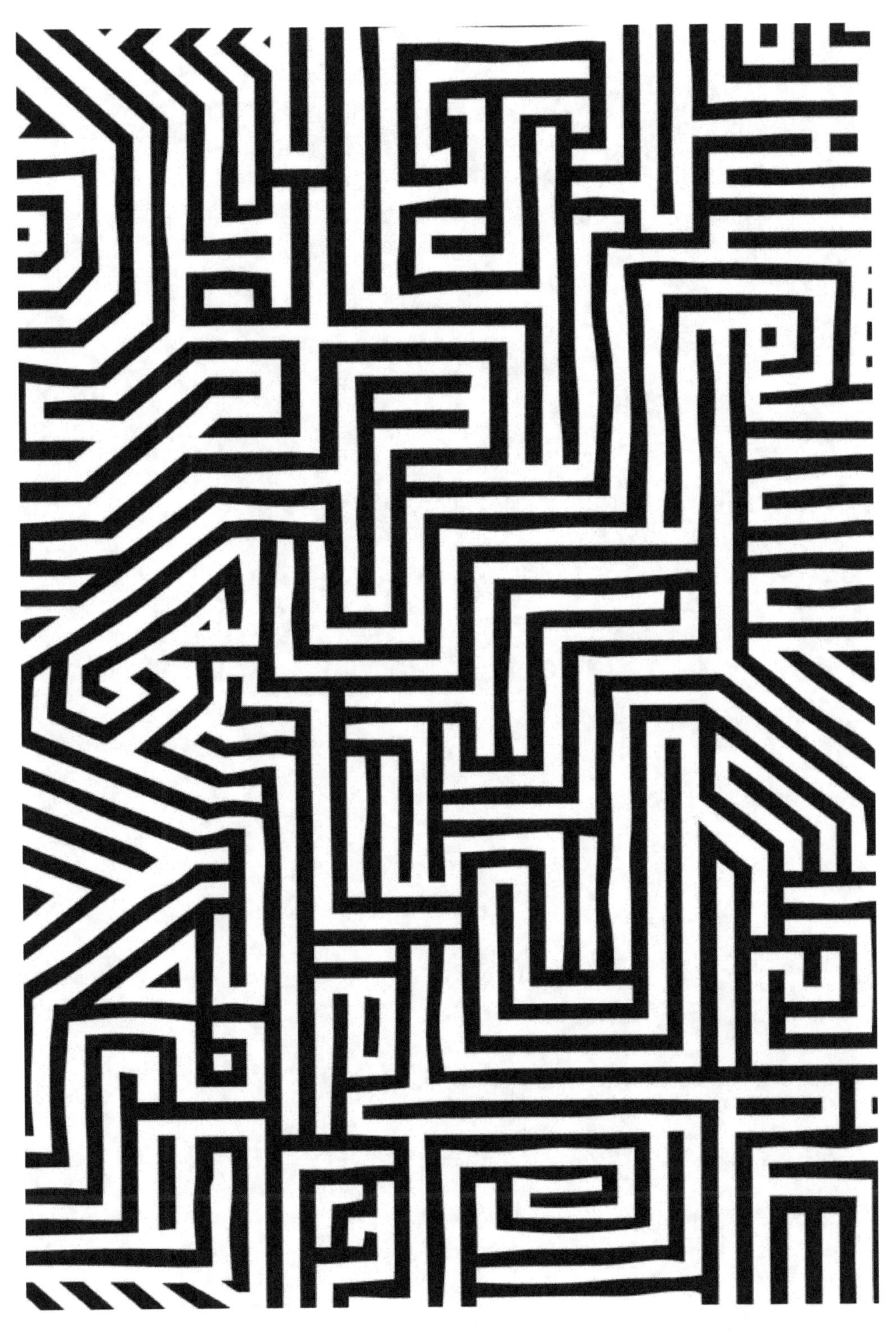

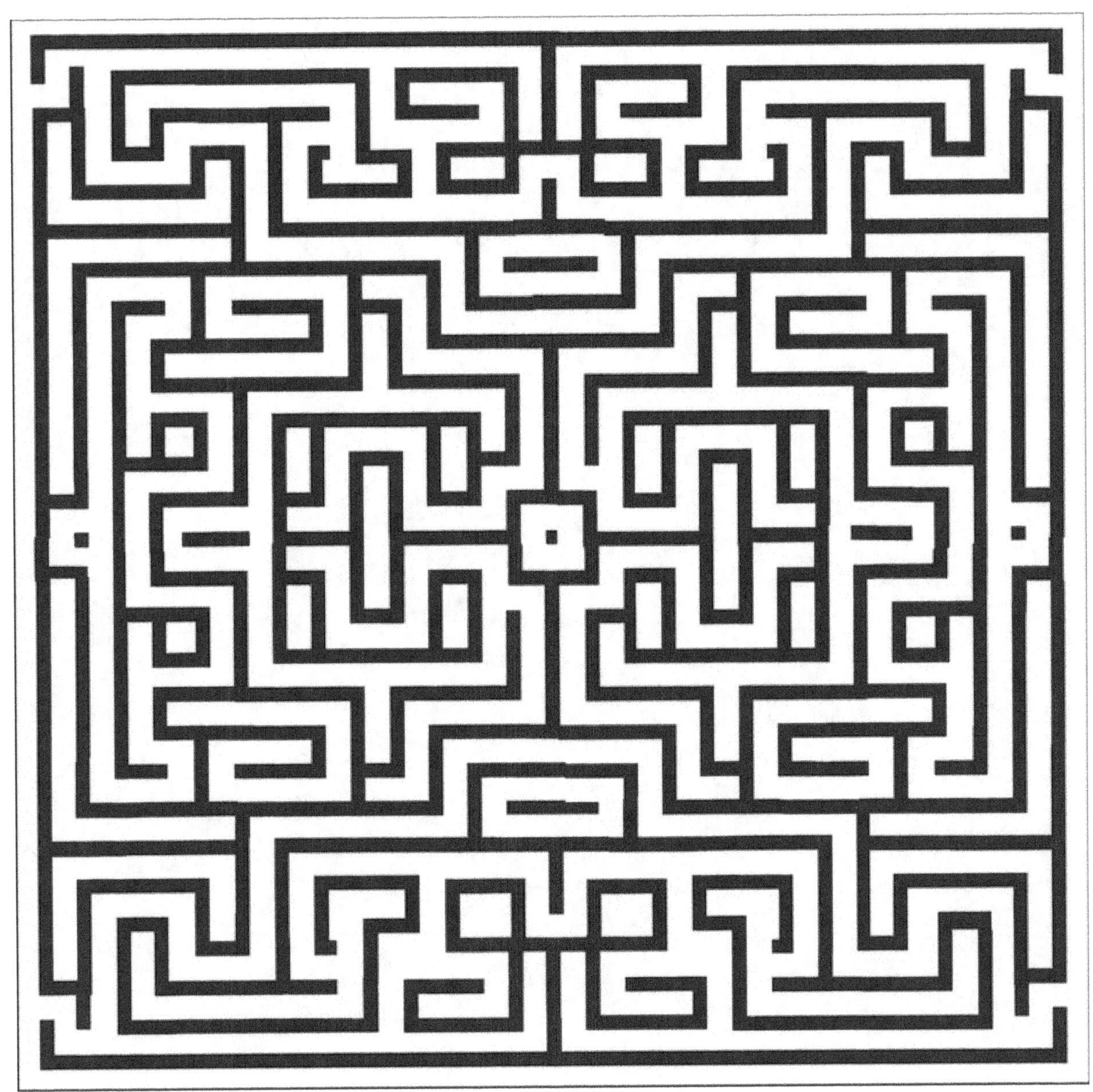

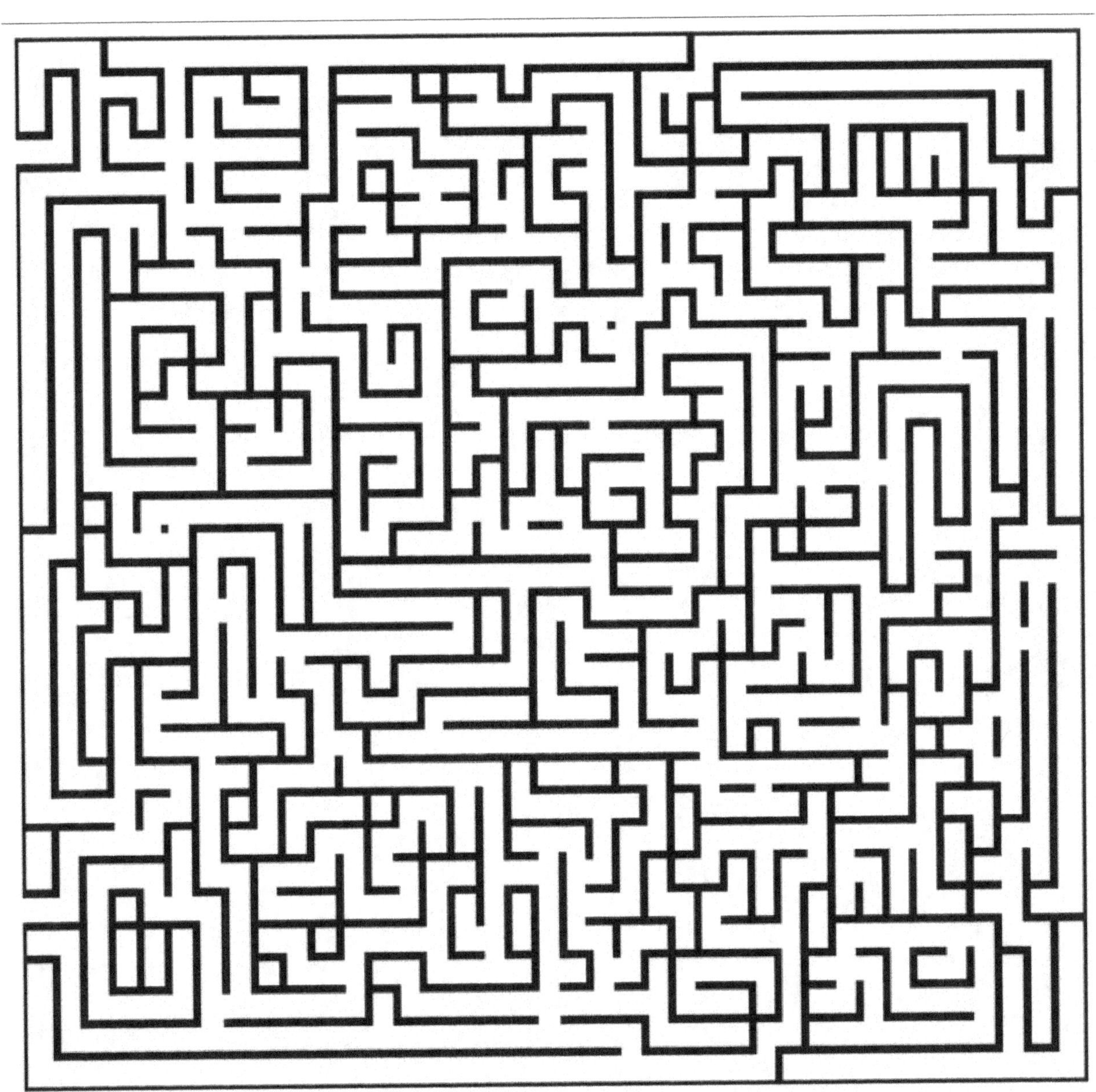

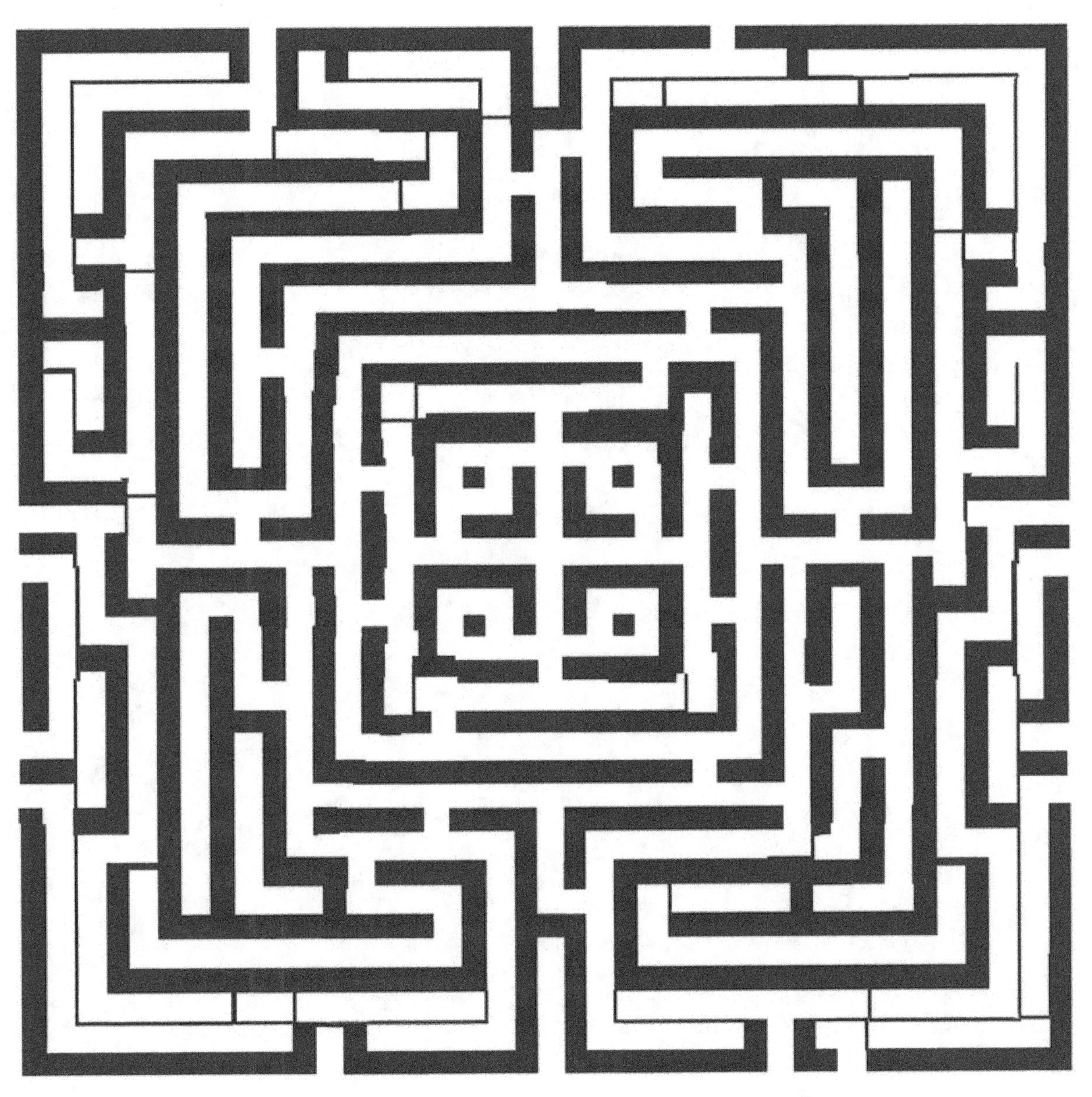

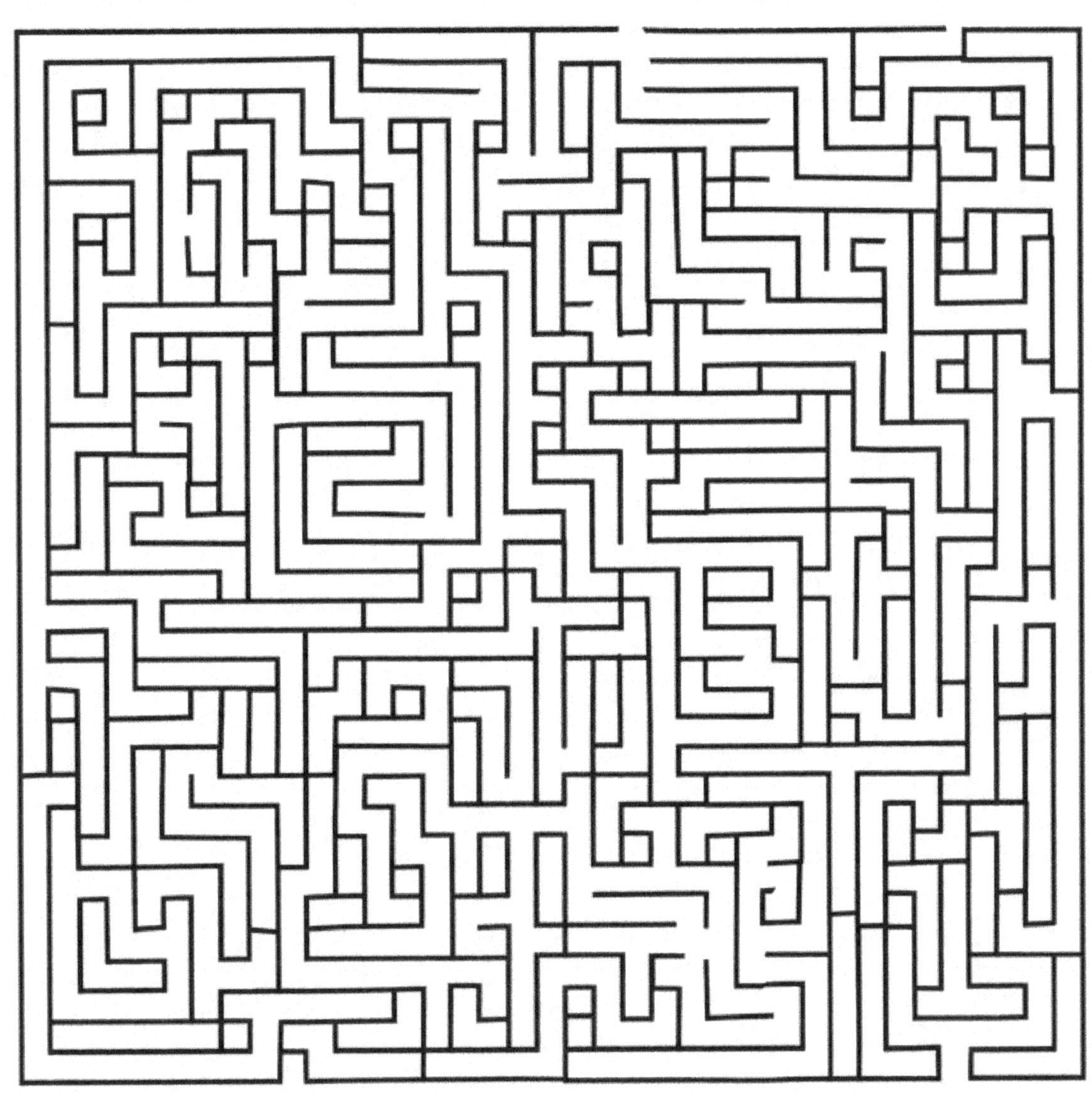

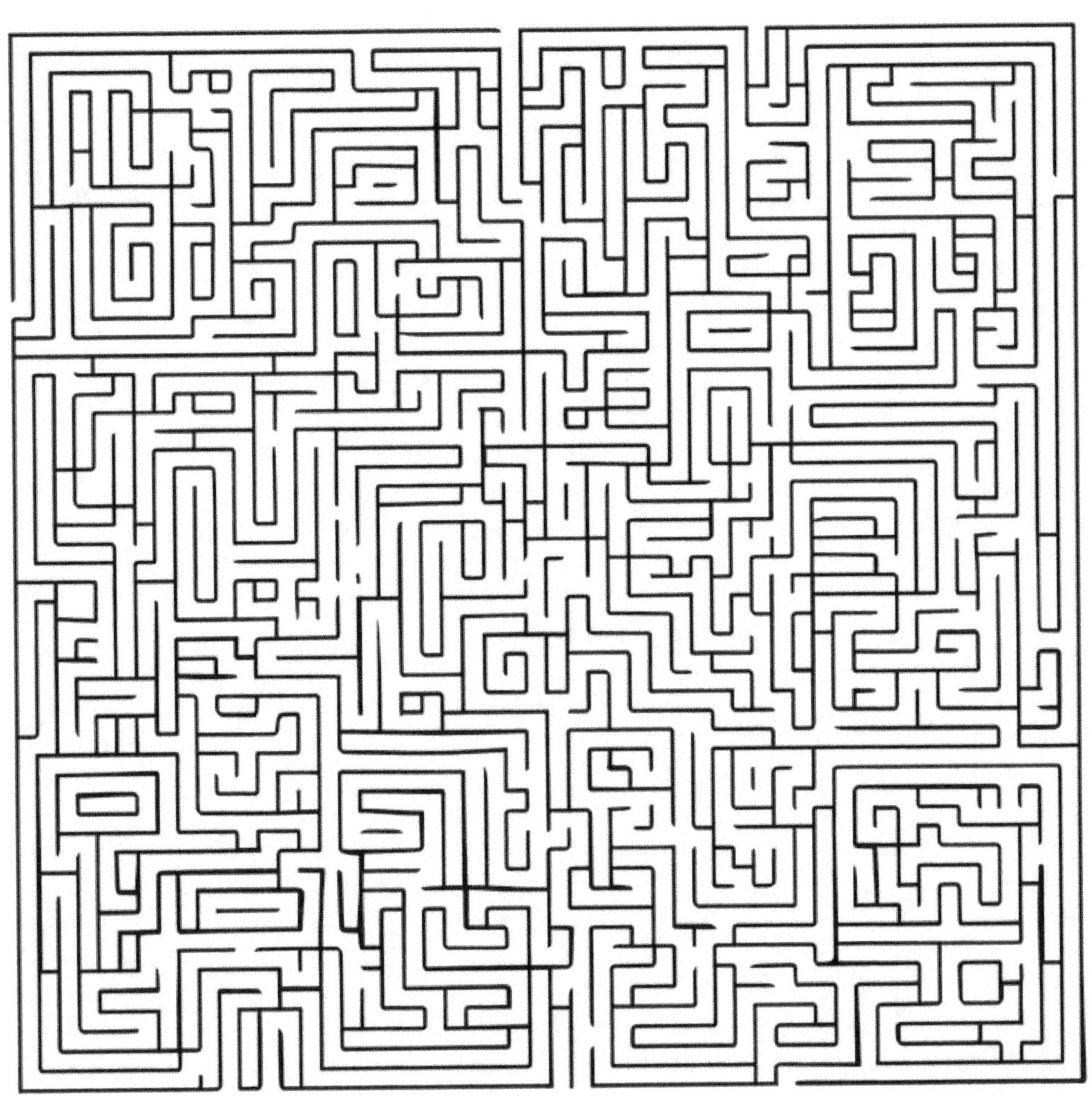

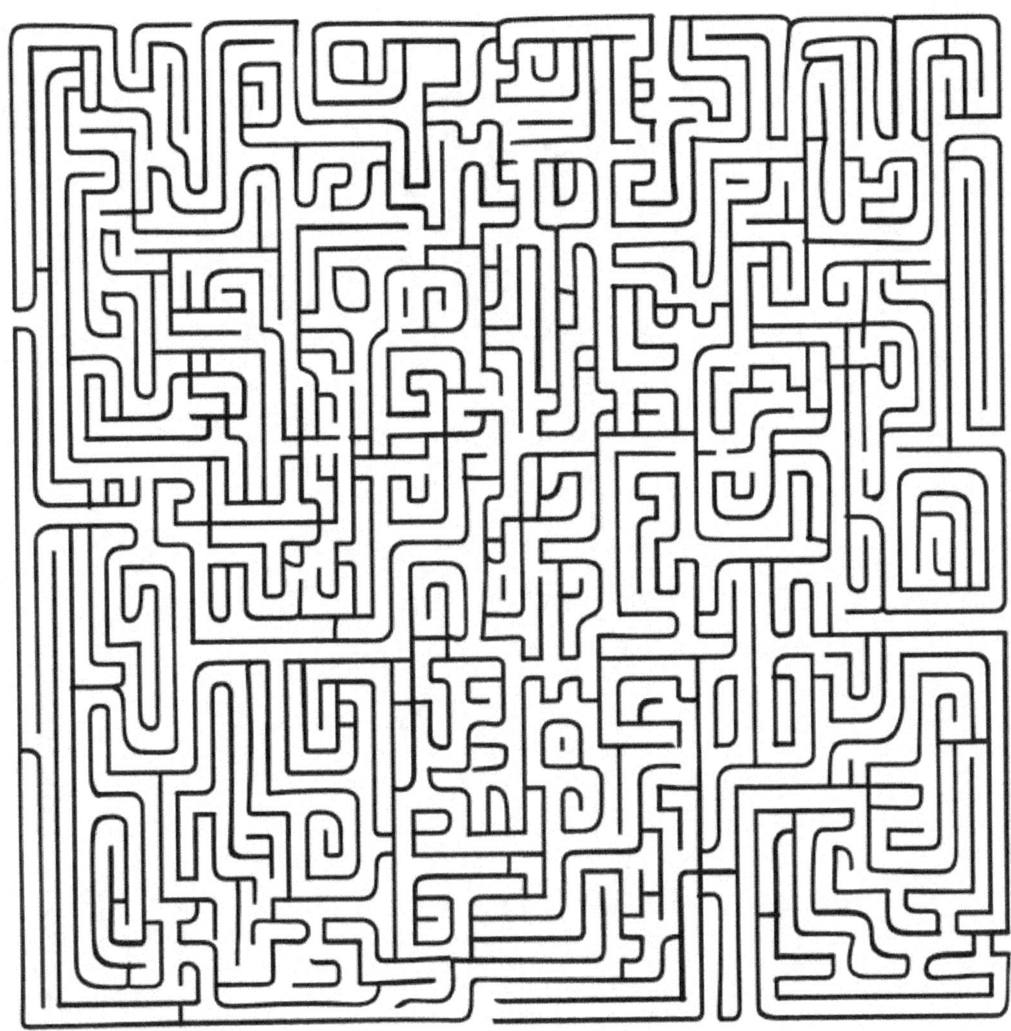

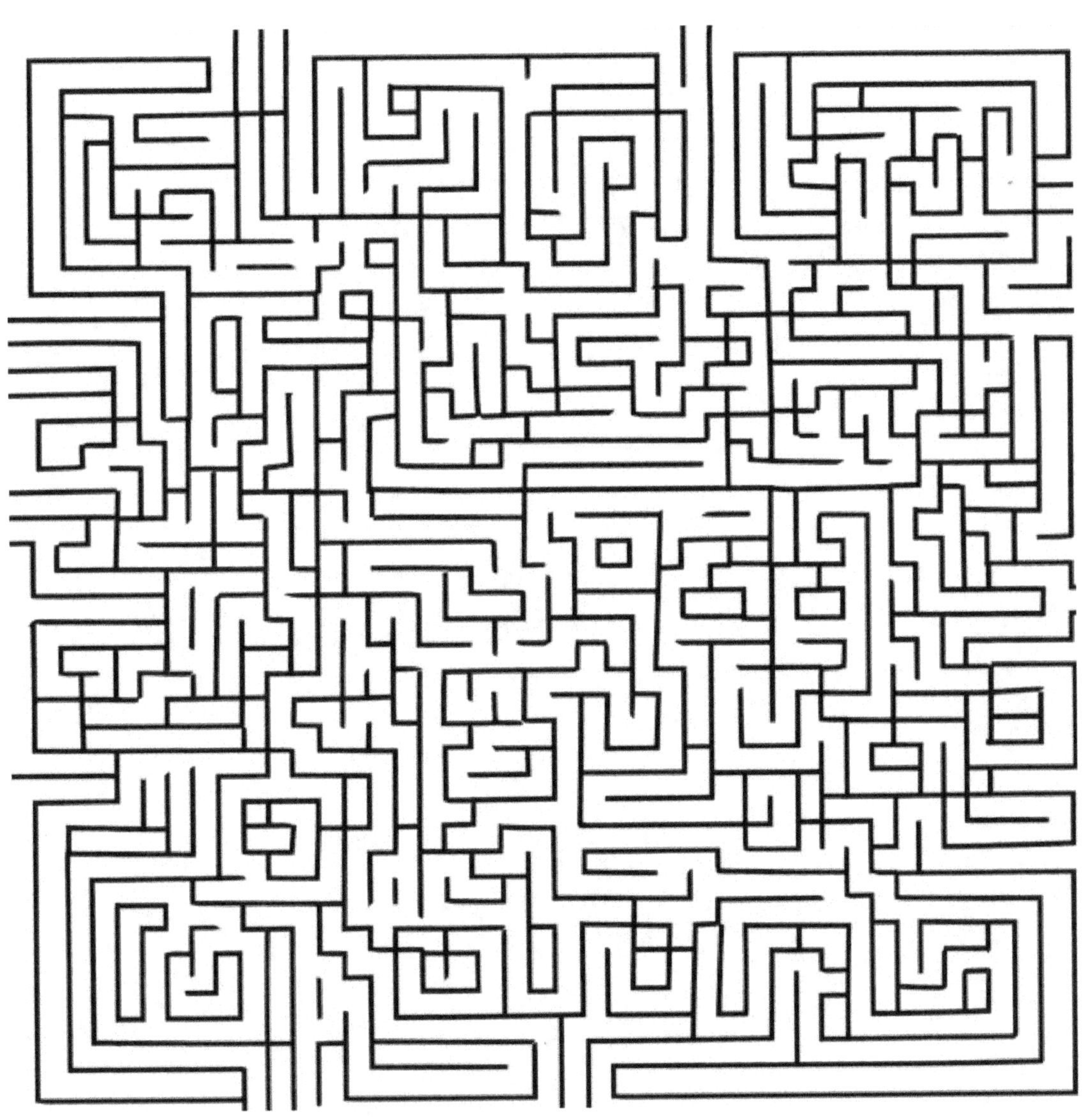

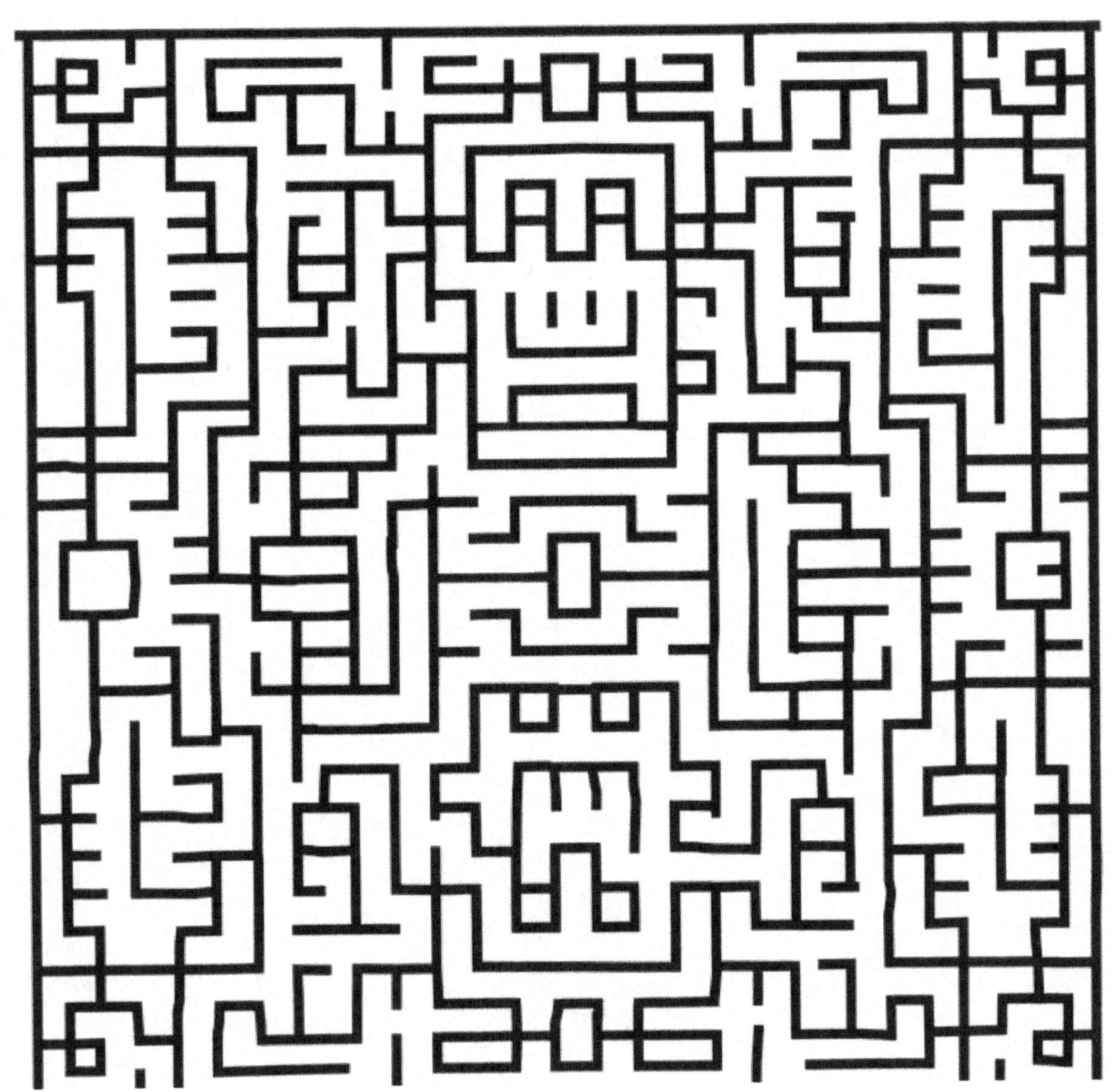

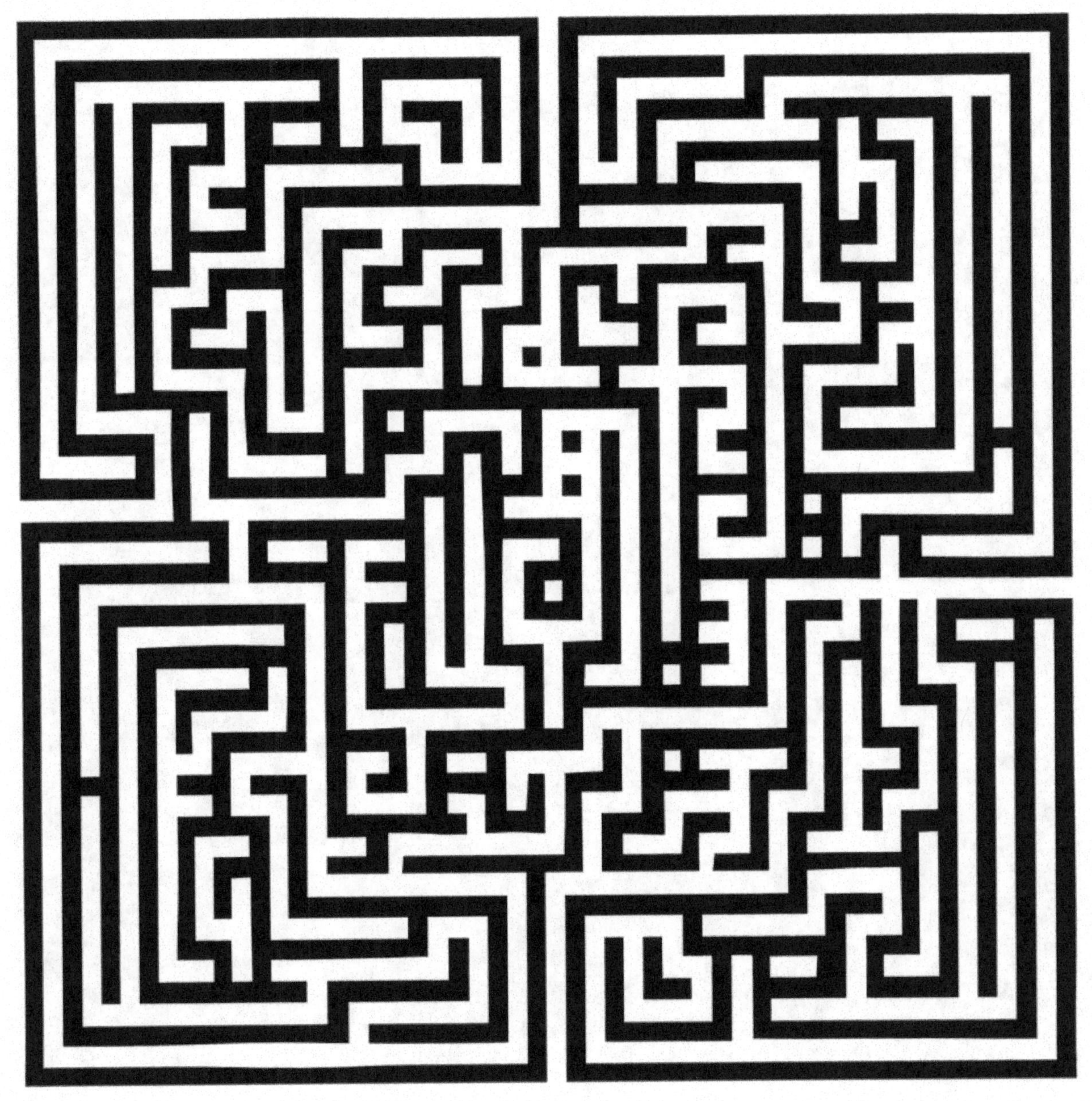

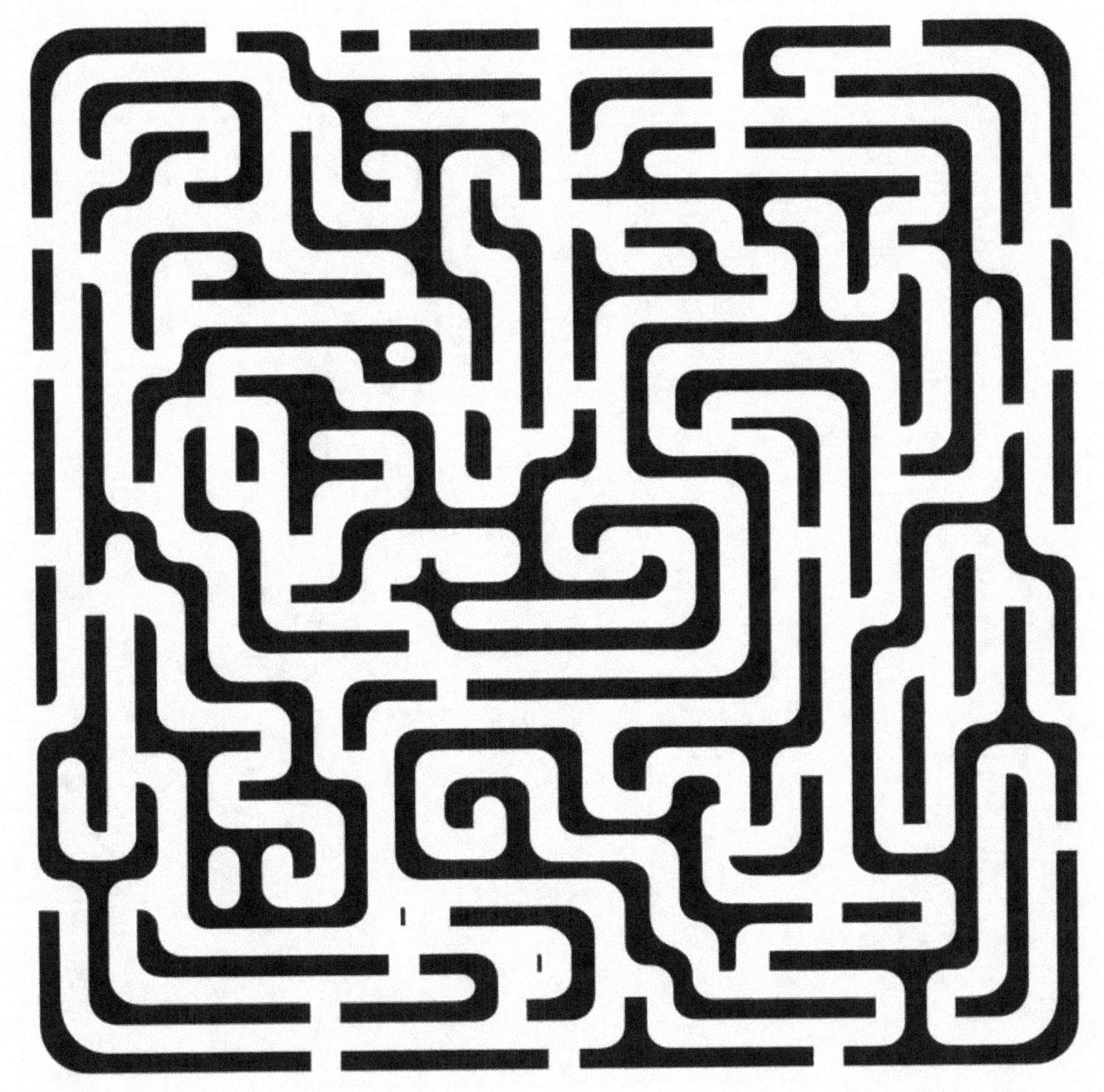

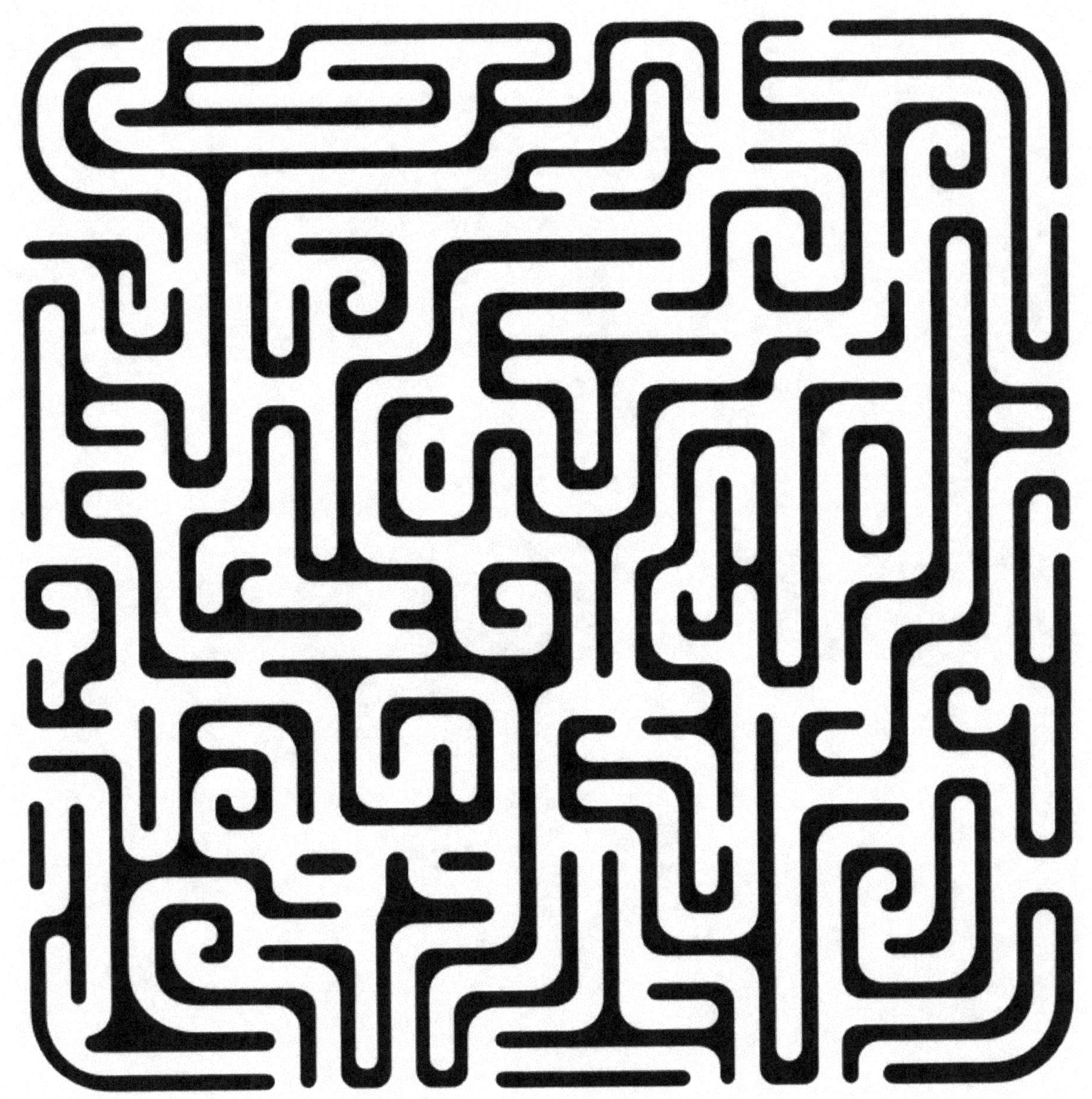